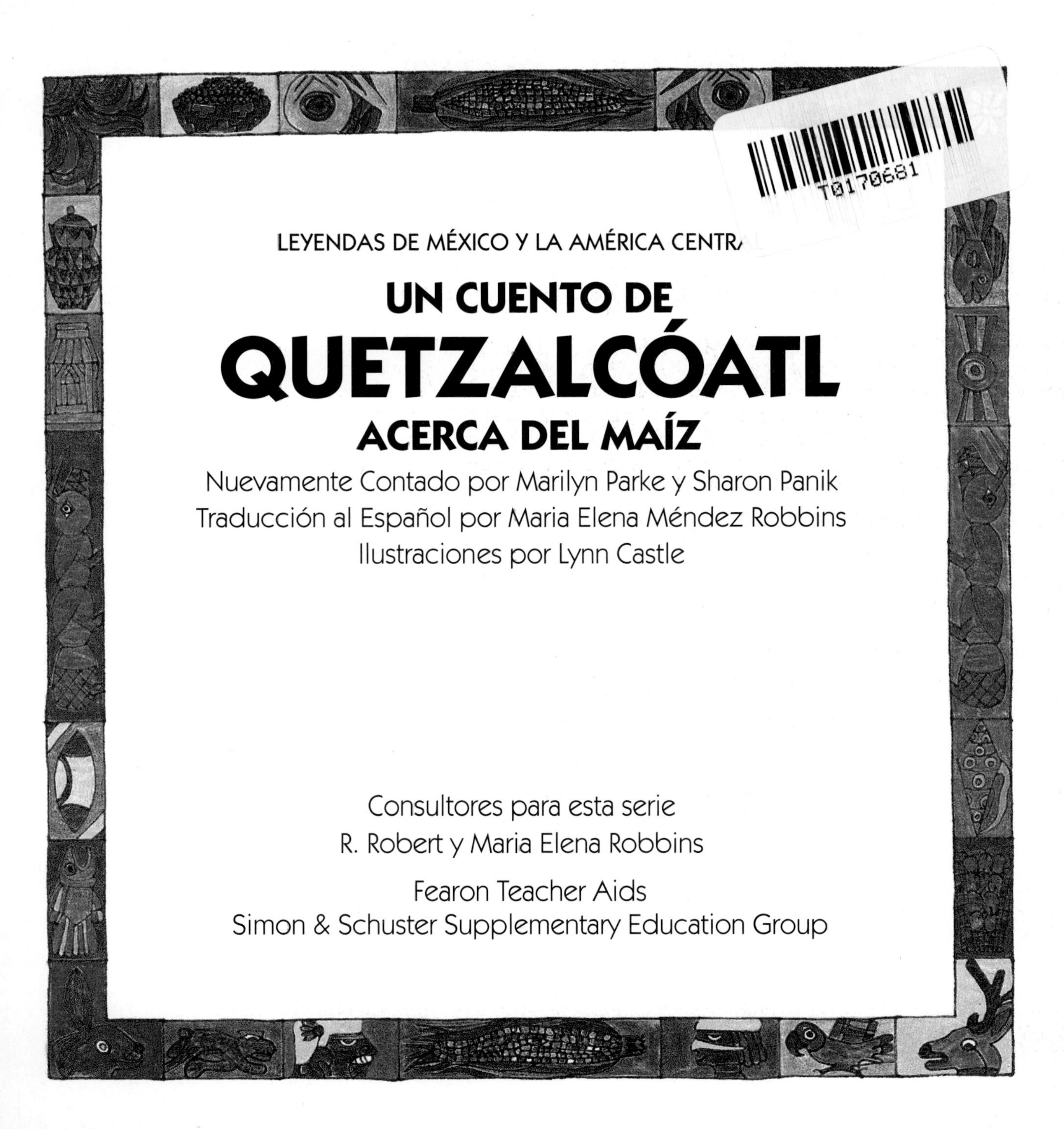

LEYENDAS DE MÉXICO Y LA AMÉRICA CENTR

UN CUENTO DE QUETZALCÓATL ACERCA DEL MAÍZ

Nuevamente Contado por Marilyn Parke y Sharon Panik
Traducción al Español por Maria Elena Méndez Robbins
Ilustraciones por Lynn Castle

Consultores para esta serie
R. Robert y Maria Elena Robbins

Fearon Teacher Aids
Simon & Schuster Supplementary Education Group

Este libro es dedicado a Katie, Todd, y Anna.

Las Ilustraciones en este libro se crearon a Color Prisma.
Los bordes incluyen representaciones jeroglíficas de los códices de Mesoamérica precolumbina (la región que incluye México y la América Central).

Directora Editorial: Virginia L. Murphy

Redactoras: Virginia Massey Bell y Lisa Schwimmer

Ilustraciones de Cubierta e Interior: Lynn Castle

Diseño de Cubierta e Interior: Marek/Janci Design

ISBN 0-86653-964-6

Impreso en los Estados Unidos de América
1.9 8 7 6 5 4 3 2

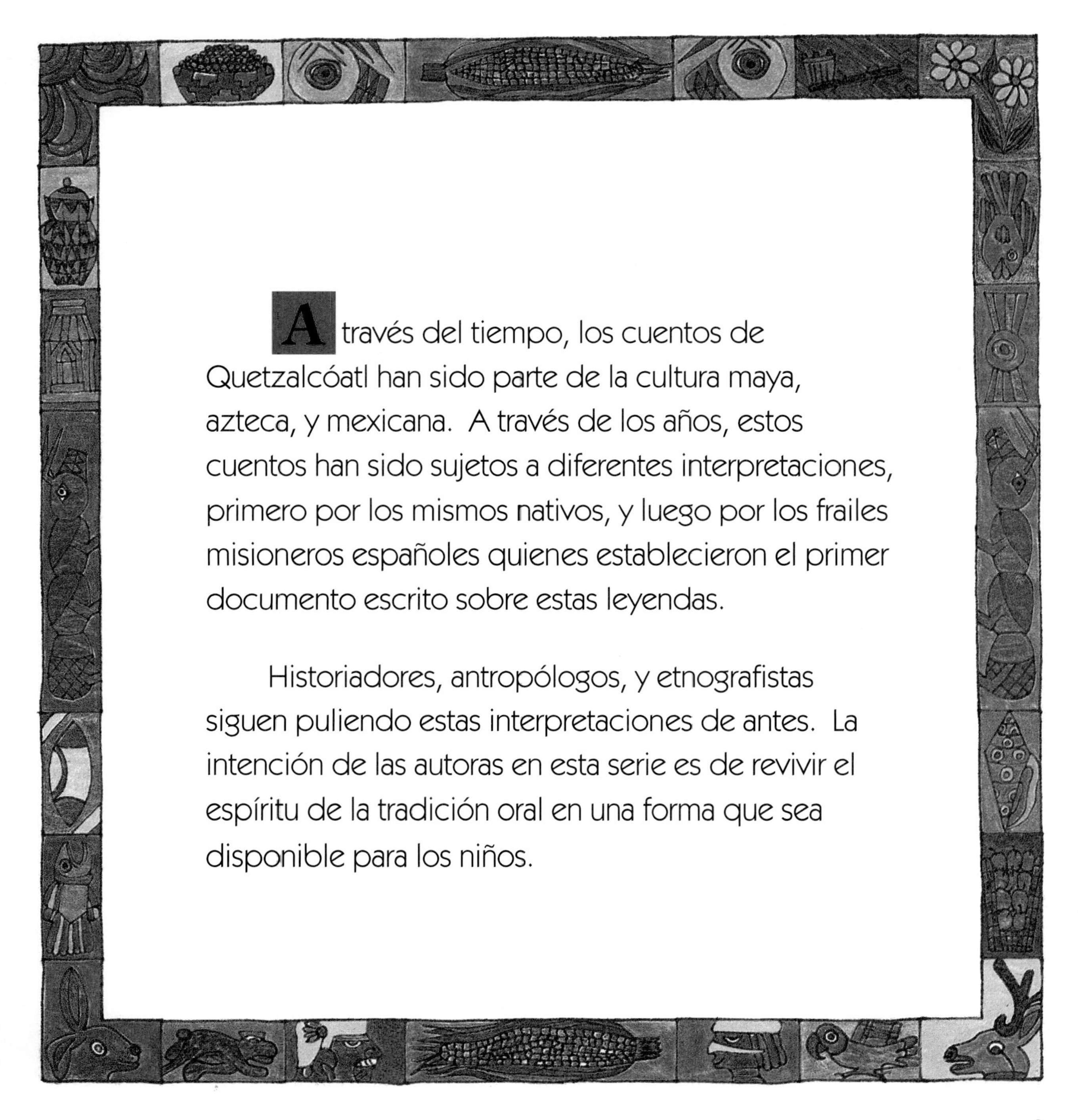

A través del tiempo, los cuentos de Quetzalcóatl han sido parte de la cultura maya, azteca, y mexicana. A través de los años, estos cuentos han sido sujetos a diferentes interpretaciones, primero por los mismos nativos, y luego por los frailes misioneros españoles quienes establecieron el primer documento escrito sobre estas leyendas.

Historiadores, antropólogos, y etnografistas siguen puliendo estas interpretaciones de antes. La intención de las autoras en esta serie es de revivir el espíritu de la tradición oral en una forma que sea disponible para los niños.

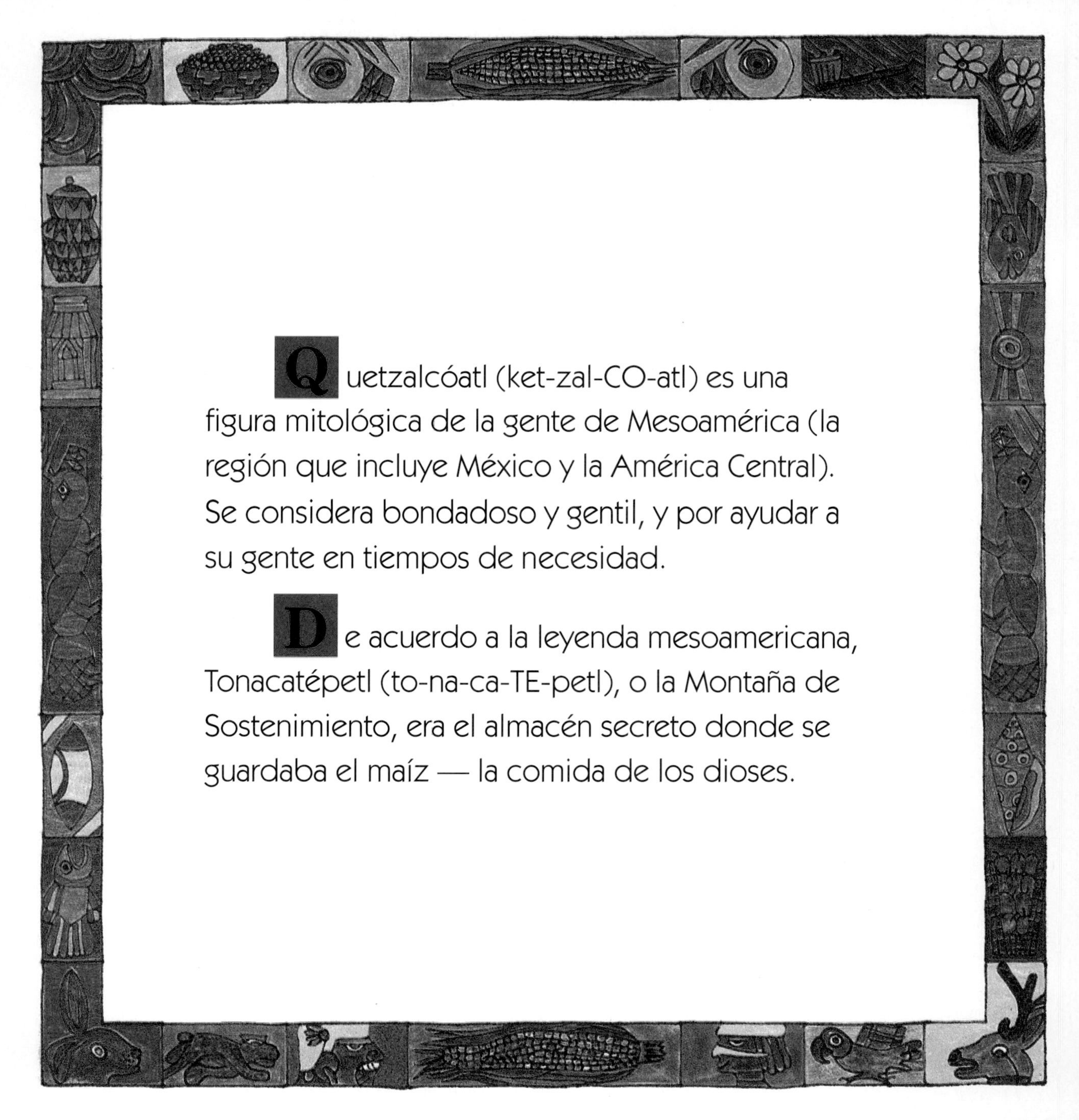

Quetzalcóatl (ket-zal-CO-atl) es una figura mitológica de la gente de Mesoamérica (la región que incluye México y la América Central). Se considera bondadoso y gentil, y por ayudar a su gente en tiempos de necesidad.

De acuerdo a la leyenda mesoamericana, Tonacatépetl (to-na-ca-TE-petl), o la Montaña de Sostenimiento, era el almacén secreto donde se guardaba el maíz — la comida de los dioses.

El sacerdote, Quetzalcóatl, reunió a los niños alrededor del fuego. Les contó un cuento de aquellos dias viejos de su antepasado, Quetzalcóatl, el dios. Primero les dijo que muchas veces Quetzalcóatl tomaba la forma de una serpiente emplumada o un pájaro-serpiente, y que una vez había seguido una hilera de hormigas hasta Tonacatépetl, la Montaña de Sostenimiento, para buscar comida para su gente. Este es el cuento que él les contó.

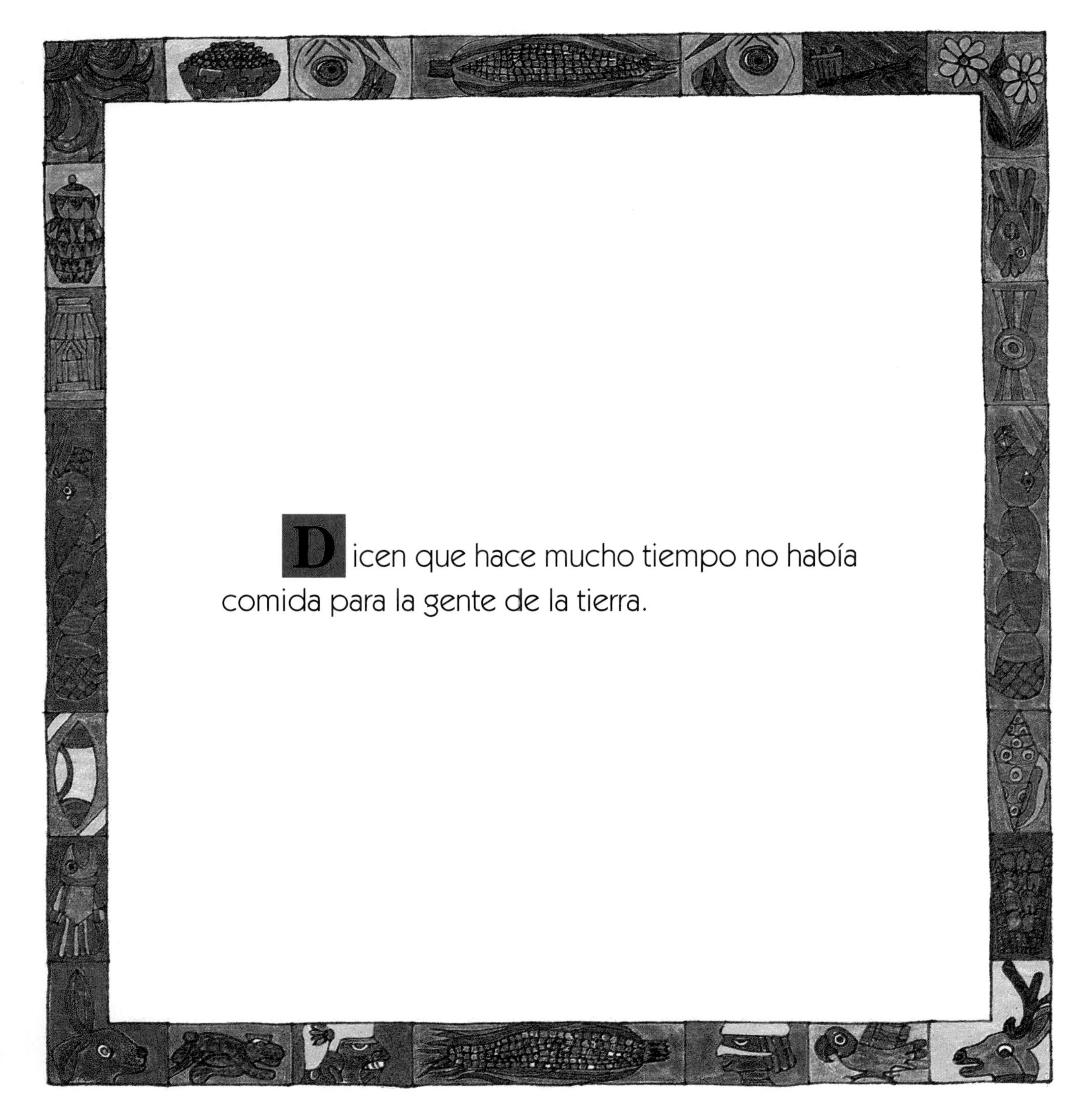

Dicen que hace mucho tiempo no había comida para la gente de la tierra.

La gente suplicaba, los niños lloraban, y Quetzalcóatl, la serpiente emplumada, oyó su tristeza.

Quetzalcóatl deseaba ayudar a la gente que él amaba.

Un día Quetzalcóatl siguió una hilera de hormigas hasta Tonacatépetl, la Montaña de Sostenimiento, donde los dioses guardaban su comida.

Allí se encontró con un ejercito de gigantescas Hormigas Rojas que estaban vigilando una presentación espectacular de maíz.

Quetzalcóatl les pidió a las hormigas unos granos de maíz, a lo cual respondieron, “El maíz es comida para los dioses. ¿Por qué lo quiéres tú?”

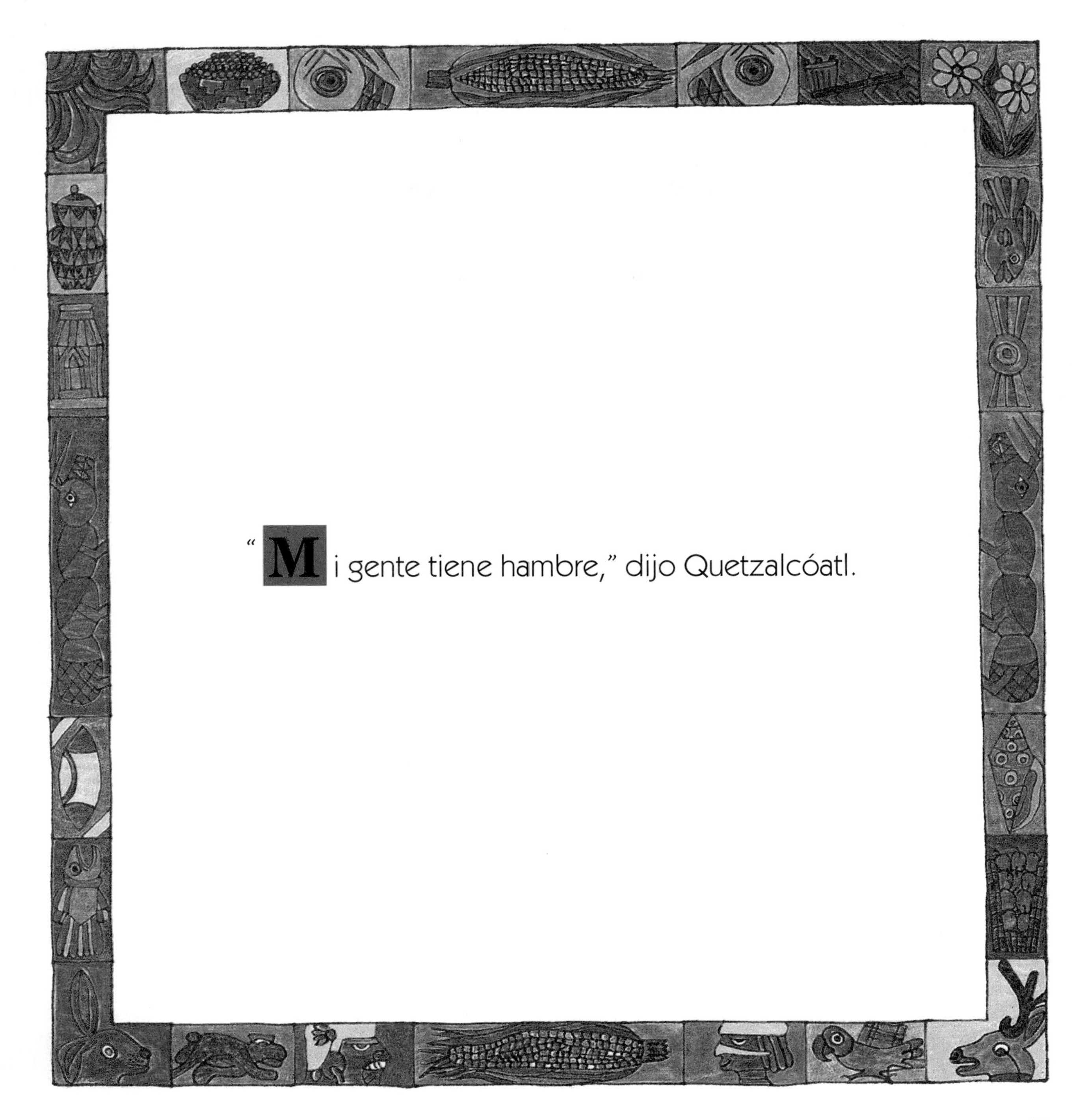

"Mi gente tiene hambre," dijo Quetzalcóatl.

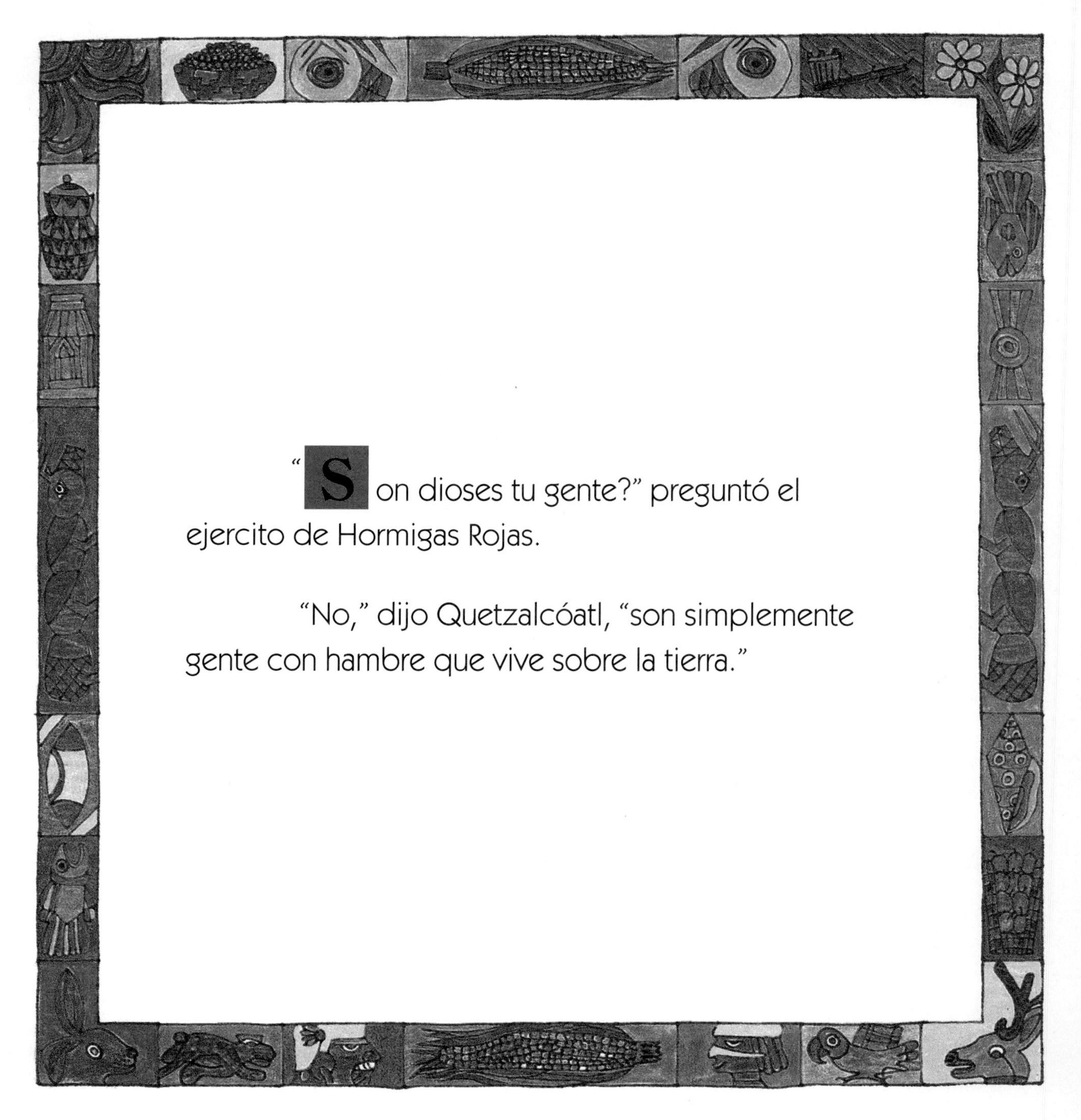

"Son dioses tu gente?" preguntó el ejercito de Hormigas Rojas.

"No," dijo Quetzalcóatl, "son simplemente gente con hambre que vive sobre la tierra."

"No importa que la gente de la tierra tenga hambre," dijeron las tercas hormigas. "Este maíz es solamente para los dioses."

"La gente de la tierra se morirá de hambre, al menos que consiga comida," dijo Quetzalcóatl.

"Tengo que ayudar a mi gente," se dijo Quetzalcóatl a sí mismo.

Quetzalcóatl extendió sus fuertes alas color jade y voló alrededor de Tonacatépetl, la Montaña de Sostenimiento. Necesitaba tiempo para pensar.

"Si me puedo convertir en hormiga," pensó Quetzalcóatl, "puedo llevar un poco del maíz a la gente de la tierra."

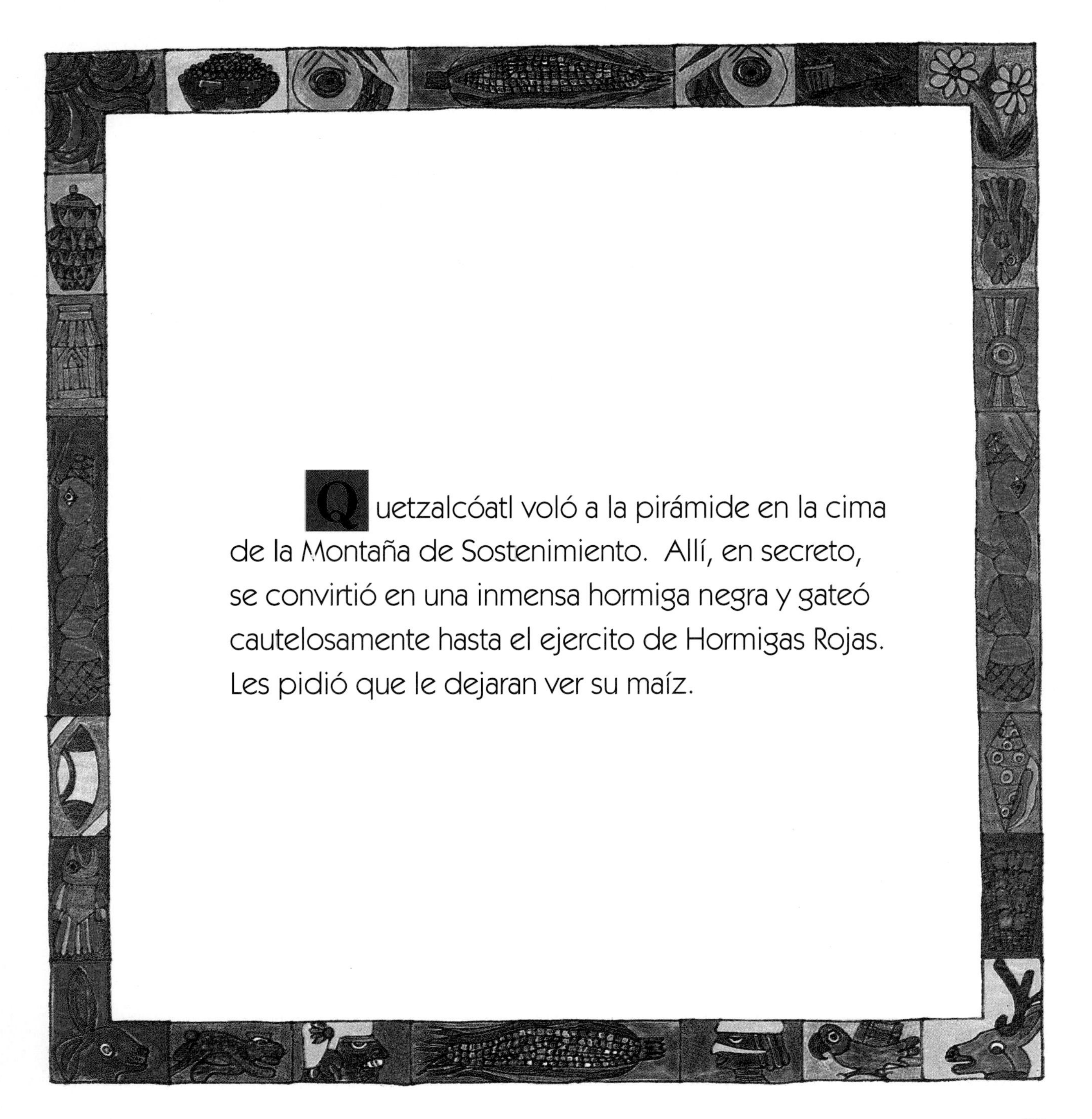

Quetzalcóatl voló a la pirámide en la cima de la Montaña de Sostenimiento. Allí, en secreto, se convirtió en una inmensa hormiga negra y gateó cautelosamente hasta el ejercito de Hormigas Rojas. Les pidió que le dejaran ver su maíz.

Las gigantescas Hormigas Rojas estaban muy orgullosas de su tesoro. Ansiosamente llevaron a Quetzalcóatl-hormiga al almacén donde abrieron las puertas enormes. Allí, Quetzalcóatl-hormiga vió maíz de varios colores — rojo, amarillo, blanco, azul, morado, café, anaranjado, y negro.

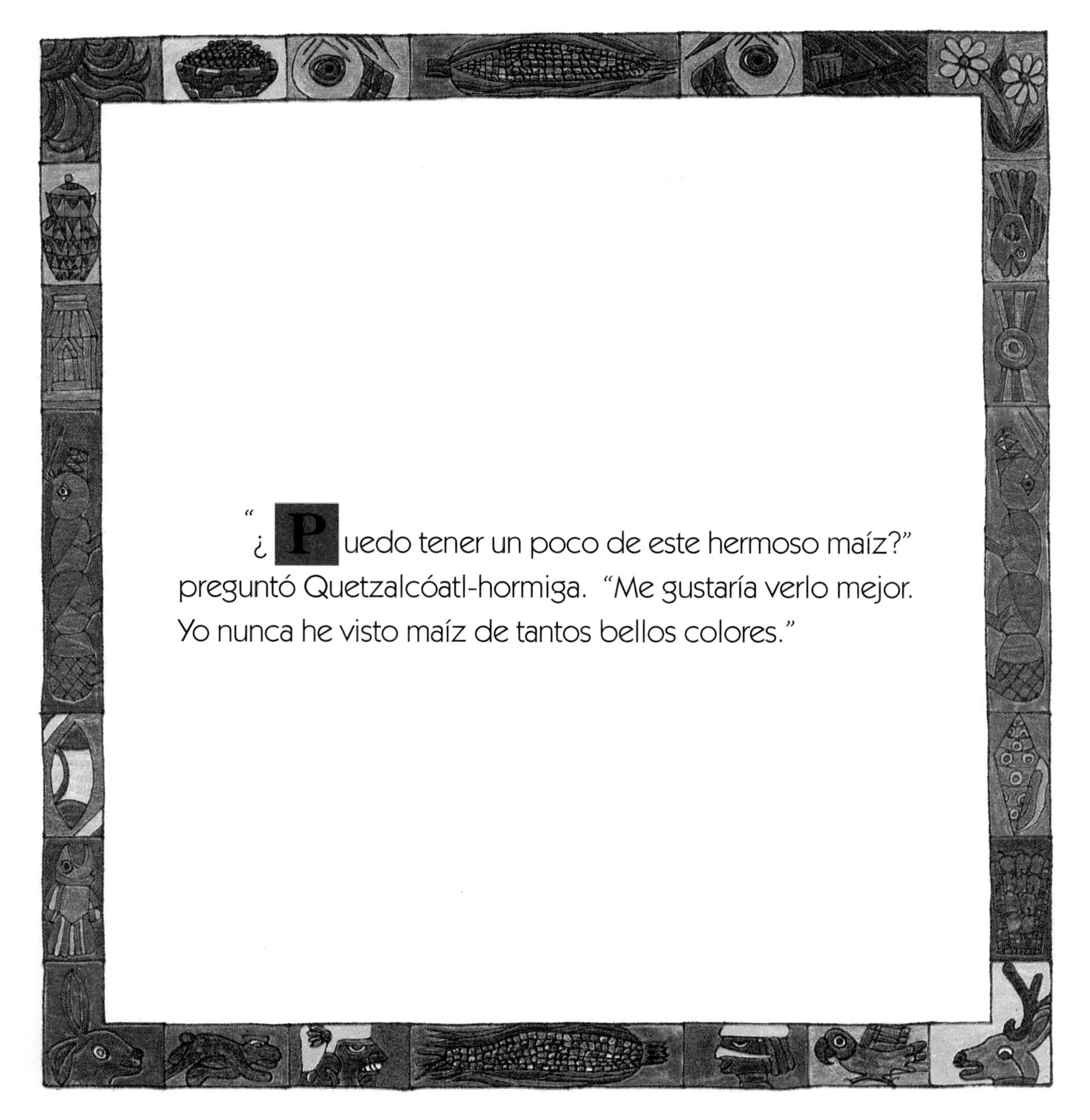

"¿Puedo tener un poco de este hermoso maíz?" preguntó Quetzalcóatl-hormiga. "Me gustaría verlo mejor. Yo nunca he visto maíz de tantos bellos colores."

Las gigantescas Hormigas Rojas sonrieron orgullosamente y le dieron a Quetzalcóatl un grano de maíz de cada color.

Con los granos de maíz en cada mano, Quetzalcóatl-hormiga pronto se convirtió de nuevo en la serpiente emplumada...

y rapidamente descendió, llevándose el precioso maíz.

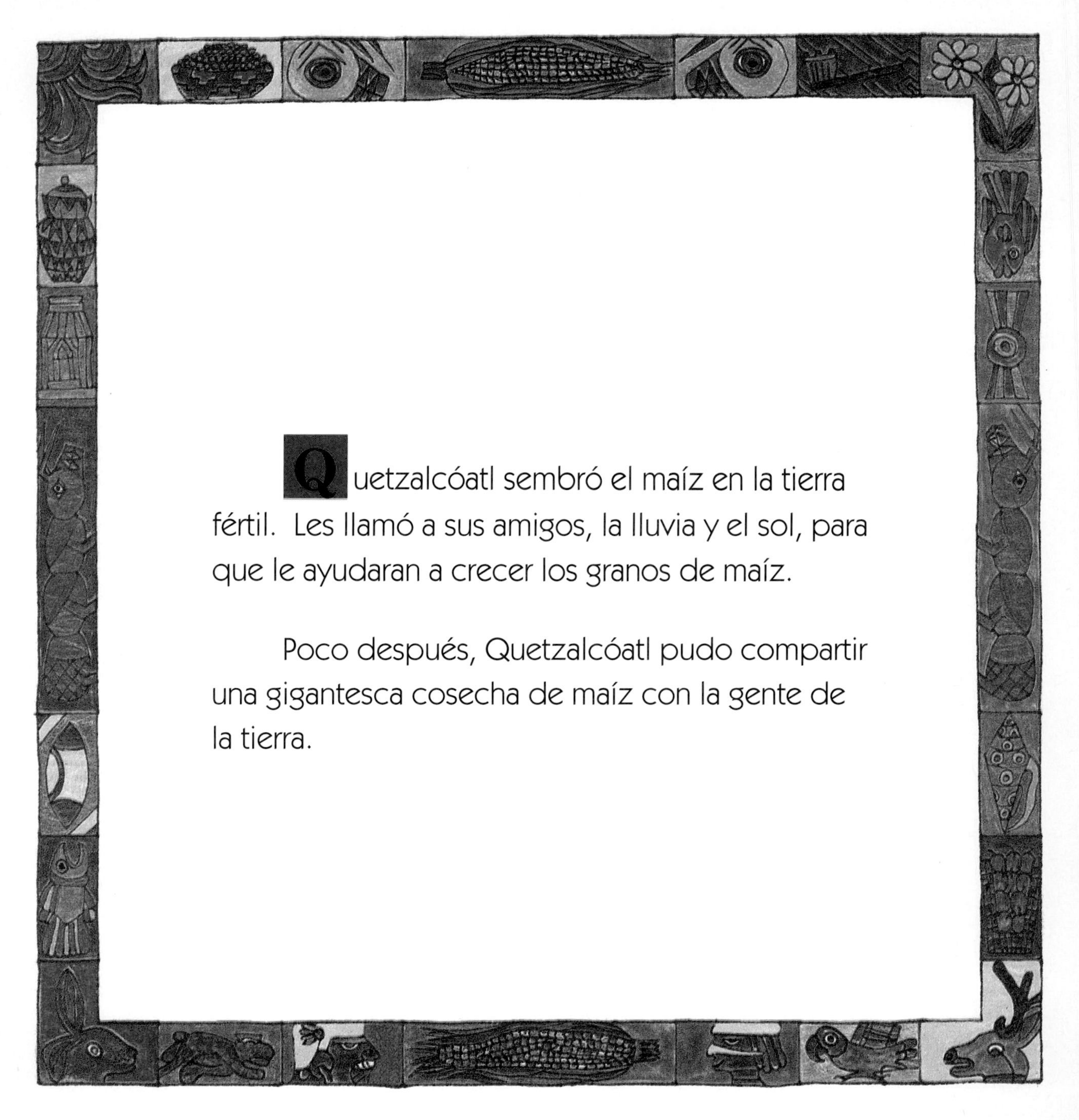

Quetzalcóatl sembró el maíz en la tierra fértil. Les llamó a sus amigos, la lluvia y el sol, para que le ayudaran a crecer los granos de maíz.

Poco después, Quetzalcóatl pudo compartir una gigantesca cosecha de maíz con la gente de la tierra.

La gente de la tierra tostó el maíz, lo molió para hacer harina, lo horneó para hacer bizcochos, e hicieron tortillas deliciosas. Dieron gracias a Quetzalcóatl por haber traido maíz a la gente hambrienta.

Consultores

Dr. Rosita Arvigo	Director, IX Chel Tropical Research Centre, San Ignacio, Cayo, Belize
Kent L. Brown, Jr.	Editor, Highlights for Children, Honesdale, Pennsylvania
Inga Calvin	Epigrapher, Denver Art Museum, Denver, Colorado
Jane Stevenson Day	Ph.D., Chief Curator of Archaeology, Denver Museum of Natural History, Denver, Colorado
Eric Feder	Colorado Department of Education, Denver, Colorado
Eugene H. Frink	Fort Collins, Colorado
Lucille Gallegos-Jarmillo	Ph.D., Educator, Weld County School District, Greeley, Colorado
Nancy Gray	Poudre School District, Fort Collins, Colorado
Lee Hansen	Ph.D., Superintendent of Schools, Eau Claire, Wisconsin
Peter Jacobi	Ph.D., Professor of Journalism, Indiana University, Bloomington, Indiana
James P. Johnson	LL.D., Fort Collins, Colorado
Mark Korb	LL.D., Fort Collins, Colorado
Carlos Lopez	Mexico City, Mexico
Emma Martinez	Chapter 1, Poudre School District, Fort Collins, Colorado
Gordon McEwan	Ph.D., Curator, Art of the Americas, Denver Art Museum, Denver, Colorado
Michael Moran	Librarian, Petroleum College, Dhahran, Saudi Arabia
Robert V. Parke	Ph.D., Former Chairman, Department of Botany, Colorado State University, Fort Collins, Colorado
Perry Ragouzis	Ph.D., Former Chairman, Department of Art, Colorado State University, Fort Collins, Colorado
Maria Elena Robbins	Translator and Educator, Austin, Texas
R. Robert Robbins	Ph.D., Archaeo-Astronomer, University of Texas, Austin, Texas
Linda Salavaria	Curator, New World Collection, Detroit Institute of Art, Detroit, Michigan
Luke SanAngelo	LL.D., Fort Collins, Colorado
Linda Lay Shuler	Brownwood, Texas
Melba Treaster	Chapter 1 Coordinator, Poudre School District, Fort Collins, Colorado